AF257629

# OBSERVATIONS

## SUR LA RÉPLIQUE

## DE L'AUTEUR

### DU POUR ET DU CONTRE

*Relativement à l'Admission des Étrangers dans les Colonies Françoises.*

A LONDRES.

M. DCC. LXXXV.

# OBSERVATIONS

## SUR LA RÉPLIQUE

## DE L'AUTEUR

### DU POUR ET DU CONTRE,

*Relativement à l'Admiſſion des Étrangers dans les Colonies Françoiſes.*

Mon deſſein n'eſt point d'entreprendre ſur les droits de l'Auteur de la réponſe, à laquelle celui *du pour & du contre* vient de répliquer. Mais il a aſſez de ſujets d'être content de ſon ouvrage & de ſon ſuccès, pour n'être peut-être pas tenté de rentrer dans un champ de bataille que ſon adverſaire ſemble lui avoir abandonné.

Cependant la confiance avec laquelle cette réplique a été annoncée, l'art avec lequel on ſemble y reconnoître les principes pour paroître forcé malgré ſoi de les anéantir par les mêmes exceptions déjà propoſées ; de nouvelles propoſitions équivoques à l'appui des anciens paradoxes ; tout cela peut rendre utile, & même néceſſaire, un examen rapide de cette réplique, aux perſonnes qui ne ſont pas familiariſées avec ces matières.

J'éviterai au public l'ennui des redites, & je ſacrifierai un grand nombre de notes de détail pour marcher droit aux principaux réfultats. Cette méthode fera sèche, mais elle aura le mérite de la briéveté fi je puis remplir mes intentions. J'entre en matière.

Page 6, l'Auteur de la Réplique débute par un fait notoirement faux, favoir que les étrangers ont fourni plus de la moitié des Noirs qui ont commencé & continué la culture des Colonies. Ce préjugé femé en avant pour les perfonnes peu inftruites, il partira quelques pages après, de cette affertion bien plus qu'hafardée comme d'une chofe prouvée. Nous l'y rejoindrons.

Il laiffe de côté les engagemens que le Roi octroya d'abord dans ces poffeffions ; le rachat qu'il en fit enfuite ; l'établiffement de la Compagnie d'Occident , fon rembourfement. Que lui importe, pourvû qu'il atténue le préjugé de la dépendance & de la reconnoiffance ?

Je fuis d'ailleurs affez d'avis que les Planteurs & les Commercans regardent également derrière eux ; qu'ils comparent leur fortune préfente avec celle de leurs pères, pour arriver à connoître de bonne foi, qu'agens les uns & les autres d'un intérêt fupérieur à leurs intérêts privés, ils ont profpéré fous le régime que la Souveraineté leur a impofé. Que leur devoir à leur bien-être réciproque réfident dans l'entier dévouement à ces intérêts général. Mais comment déterminer la mefure de ces intérêts général ? Ce n'eft pas la puérile diftinction entre *l'utilité quelconque & la plus grande utilité poffible de la métropole* qui nous-aidera à le faire ; c'eft la force réelle & relative de l'état qui doit graduer cette mefure.

Quelque defir que j'aie de paffer fur tout le rempliffage inutile aux réfultats principaux, je ne puis cependant plier mes notions fur la juftice à cette maxime incidente, *le Colon toujours débiteur au Commerçant doit pour cela feul occuper principalement la follicitude de l'adminiftration.*

L'équité ne connoît pas de préférence, fa balance doit toujours refter en équilibre : ainfi cet axiôme à au moins befoin d'être expliqué ou modifié. A la fuite des Guerres qui ont anéanti les revenus & les remplacemens, la Politique a suspendu l'exercice du droit, & elle a agi avec sagesse : mais ce délai doit avoir un terme ; & il n'en est point dû lorsque les revenus se sont soutenus au plus haut prix où jamais ils aient atteint. La circonstance rend l'application d'autant plus délicate, que par le fait la correspondance a déjà cessé, & que l'écrit actuel ne tend qu'à faire durer cette cessation. L'honnêteté comme le droit exigent de solder avec le fournisseur que l'on quitte. Si un Planteur avoit la témérité de dire que son correspondant a assez gagné avec lui pour attendre le remboursement de ses avances, je lui demanderois si le prêteur legal auquel ce commerçant a eu recours pour cette avance, peut & doit être compris dans cette compensation ?

L'Auteur dans la Réplique page 11 n'est pas plus heureux à prouver qu'il soit bon Logicien que bon Spéculateur en faveur de nos intérêts Politiques. Il avoit dit dans son premier Mémoire, *il ne nous est pas démontré qu'il soit nécessaire que les denrées du Royaume & des Colonies ne soient mises en mouvement que par les négocians François, ni qu'il y ait nécessité de concentrer immédiatement ces denrées dans les Ports du Royaume pour ce qui excède sa consommation.*

Son adversaire fondé sur le sens naturel de ce texte, lui a objecté un calcul modéré & demonstratif d'une perte de 400 vaisseaux pour le Royaume, & de l'occupation d'une grande quantité de familles, &c.

La Réplique se partage en deux parties. La premiere consiste dans une vérité vague sur la différence d'intérêt entre le commerce de l'État & celui du commerçant. Tout le monde sait cela ; mais si les agens du commerce Colonial sont des étrangers non regnicoles, certainement le Pays qu'ils habiteront profitera d'une portion du bénéfice de ce commerce Colonial, & la Métropole en sera privée. Elle en sera dédommagée dans l'intention de l'Auteur... croyons à son intention puisqu'il le dit : mais en attendant défions nous de ses moyens imaginaires que nous considérerons dans leur ordre.

Dans la seconde partie l'Auteur se glisse adroitement derrière le second membre de son assertion, dont il espère tirer un parti plus heureux. C'eſt alors que modifiant l'indifférence énoncée ſur la main qui remuera les denrées, il conſent que le tranſport direct des denrées Coloniales ſoit fait dans les Ports étrangers par des vaiſſeaux François, pour éviter un double fret. Fier alors de ce tour de ſoupleſſe, il revendique l'honneur de ſa logique, & inſulte celle de ſon adverſaire qui ne pouvoit deviner cette grace réſervée *in petto*.

Malheureuſement cette reſſource contre le reproche objecté ne peut avoir le mérite de l'exécution. La fraude inévitable des droits, la fatigue des équipages, la dépenſe d'une eſcale peut-être infructueuſe s'il n'y a pas un prompt changement aſſuré ; la prolongation des riſques, celui de la déſertion des équipages, le retard du réarmement, ſont déjà de grands obſtacles ; il pourroit même arriver qu'au lieu d'économie, il y auroit augmentation de frais. Toutes les conſtructions ne ſont pas également propres à recevoir toutes ſortes de chargement. La ſurabondance dans les marchés particuliers ſera plus onéreuſe à la valeur des denrées arrivant par groſſes cargaiſons, que dans les entrepôts généraux du Royaume, qu'on eſt dans l'habitude de voir bien aproviſionnés. L'étranger attiré dans nos Ports, par la variété de divers aſſortimens dont il compoſe ſes cargaiſons, pourra ſe dégouter du dérangement de ſes ſpéculations, & ſe porter ailleurs, contrarier même nos opérations directes.

L'Auteur lui même entrevoit de grandes difficultés: il devoit donc mûrir ſon idée avant de la donner en preuve de ſa logique & de ſon zèle pour la Métropole.

Page 16 de la Réplique, notre Auteur cherche à ſe débarraſſer d'un fait très-authentique, très preſſant, qui eſt la rapidité de ſa fortune des Colonies & du commerce National, depuis l'époque unique où le régime prohibitif a été plus fidellement exécuté ; acroiſſement qui ne va pas à moins de 140 millions dans l'eſpace d'un demi-ſiècle, malgré deux Guerres longues & malheureuſes. Sa reſſource eſt d'y oppoſer l'aſſertion hazardée page 6 : c'eſt-à-dire que l'étranger a fourni plus de Noirs que la Métropole. Si répéter étoit prouver, la choſe mériteroit conſidération ; mais ce fait donné pour certain, n’eſt ni vrai ni vraiſemblable ; car on ne s’échaufferoit pas tant contre le régime prohibitif. Si l’étranger eût fourni plus de la moitié des Noirs aux Colonies Françoiſes, la moitié du produit de ces Colonies auroit paſſé néceſſairement à l’étranger, qui auroit fourni les marchés de l’Europe concurremment avec nous d’une maniere ſenſible ; les Anglois, les plus grands contrebandiers de l’Univers, & nos voiſins actifs les plus proches, n’auroient pas éprouvé une cherté de ſucre aſſez conſidérable pour s’occuper des moyens de recevoir les ſucres François & Portugais. On défie donc l’Auteur de juſtifier ſon aſſertion d’une manière au moins probable. Je n’ignore point qu’il y a toujours eu quelques interlopes par la nature des choſes, & lorſque l’adminiſtration n’a pas été fidelle : mais la plus relachée ne l’ayant été que par cupidité, elle auroit évidemment manqué ſon objet, même en ſe tenant dans des bornes fort éloignées des exagérations de l’Auteur.

Page 19, il fait une longue Réplique ſur l’admiſſion des étrangers. Je ſuis obligé de partager cette réplique en deux parties, pour ne pas brouiller les idées, & mêler le faux avec le vrai. Je diſtingue donc l’admiſſion des étrangers pendant la Guerre, & leur admiſſion pendant la Paix.

Je ſuis entièrement de ſon avis, de les admettre pendant la Guerre. La poſition de ce Royaume, qui l’oblige de prendre part de protection ou de médiation armée à toutes les querelles territoriales de l’Europe ; la ſomme de ſes dettes ; la conſtitution actuelle de ſes Finances ; la cherté des armes navales qu’ont introduit les Anglois & qu’il faut avoir pour ſe battre au pair ; l’éloignement du théâtre des Guerres Maritimes ; les bornes de notre commerce ; tout ce concours de circonſtances me porte à douter que nous puiſſions jamais réunir à la fois, une marine & une armée ſuffiſantes pour répondre à tous les objets d’une maniere prééminente. La prépondérance de la France réſidera déſormais dans ſa modération, & dans l’eſprit de conſervation qui conſiſte à entretenir exactement les deux équilibres terreſtre & maritime. Ce ſyſtême & ſon ſite exigent que l’établiſſement de ſes forces

de terre foit un peu plus fort que celui de fes forces navales.
L'armée de terre, quelque nombreufe qu'elle fût, feroit feule
infuffifante pour remplir fon objet · elle a indifpenfablement
befoin d'une marine affez refpectable par elle-même, pour
devenir le lien & l'appui d'une ligue maritime, & pouvoir
agir vigoureufement feule, à la faveur des diverfions que fes
alliés opéreront. Cette proportion de forces bien connue &
bien entretenue, lui confervera le nerf de la Guerre, c'eft-à-
dire les richeffes; & préviendra l'envahiffement qu'en feroient
fans cela nos rivaux, qui n'en ont jamais fait ufage que
pour brouiller le continent, & nous y occuper. C'eft cette
expérience qui nous rend importante la confidération des
forces relatives; mais ne comparons donc pas des chofes dif-
femblables, en nous propofant en tout l'exemple de l'Angleterre.

Il n'eft pas queftion de favoir fi l'admiffion des étrangers
pendant la Guerre eft un remède utile à nos commerçans,
s'il ne feroit pas plus avantageux à l'État de n'en avoir pas
befoin : la véritable queftion confifte à déterminer ce qui eft
poffible, & s'il faut fupporter un mal néceffaire.

Mais comme on peut très-mal appuyer une vérité, je ne
m'en éleverai pas moins contre les erreurs dont l'Auteur étaïe
fon opinion que j'adopte. Je ne lui accorderai point *que la
moitié ou le tiers de nos matelots fera toujours conduit en
Angleterre, immédiatement après le premier coup de canon tiré
fur la Mer.* Cela eft arrivé j'en conviens dans les deux dernières Guerres. Dans la premiere, parce que nos ennemis fe dif-
penferent des loix du droit des gens & des nations civilifées,
en commençant les hoftilités en pleine paix. Sans croire qu'une
nation eftimable à beaucoup d'égards, foit capable de fe cou-
vrir habituellement d'une pareille tache, & de ramener la
barbarie en Europe, il femble que la prévoyance de notre
Gouvernement peut facilement dans certaines circonftances,
lui en épargner la honte, & qu'il le doit à fa fûreté comme
à fa dignité; ainfi cette caufe particulière n'autorife pas à la
déclarer néceffaire.

Dans la dernière guerre, chacun fait que nos pertes furent
uniquement

uniquement dûes à l'abandon des premiers envois, après avoir été long-temps annoncés, & à l'absence d'une quinzaine de frégates en croisière fur nos attérages pour les nétoyer des corfaires de Jerfey & Guernefey, qui feuls ont fait tout le mal. Etonnés eux-mêmes de leur fortune ferions-nous donc les feuls que l'expérience ne rendît pas maîtres dans l'art ? J'ef-père que non ; il y auroit plus que de la dureté à le prétendre. Mais quel rapport, quelle analogie l'Auteur trouve-t-il entre les évènemens douloureux qu'il fe complait à nous retracer, & le régime prohibitif de nos Colonies ? Si cela a quelque fens, il en réfulte qu'il nous confeille, pour conferver nos matelots, de ne pas faire nous-mêmes notre commerce. Ex-pédient fublime fans contredit, & très-conféquent lorfqu'on aura trouvé le fecret d'avoir une force navale fans matelots, ou de conferver la confidération de la France fans forces na-vales.

Cette phrafe, *que les Colonies font des établiffemens de com-merce, & non des féminaires de matelots ;* que fignifie-t-elle ? Car les établiffemens de commerce font certainement les fé-minaires des matelots fur toute la furface du globe : ils ne peuvent en avoir d'autre, à moins que la marine d'un état ne foit toujours en activité, paix ou guerre, qu'on n'entre-tienne un fonds d'armée de matelots exercés, comme on exerce & entretient un fond d'armée de terre. La propofition n'eft pas neuve ; mais qu'elle foit répétée, voilà l'extraordinaire. Quelques forties que faffe l'Auteur contre la cupidité mer-cantile, elle n'a jamais produit des idées auffi monftrueufes que l'auroit fait la cupidité coloniale, fi elle adoptoit fes chi-meres ; mais elle en eft bien éloignée, & ceci eft certainement de fon patrimoine particulier.

Ce qu'il ajoute eft du même genre, c'eft-à dire *que la force navale ne doit, en bonne économie, être confidérée que comme remède, & que dans tout ménage bien ordonné, ce n'eft pas par les remèdes qu'on doit commencer l'approvifionnement.*

Mais un train d'artillerie, des manufactures d'armes, une armée ftipendiée pendant la paix, font des remèdes ; en con-cluerons-nous qu'il faut auffi les licencier ? Car tout cela coûte,

B

à nos terres & beaucoup d'argent. Nous nous en confolons ; parce que ces établiſſemens nous défendront au befoin ; & malgré ces frais , notre agriculture fera floriſſante tant que la denrée trouvera un débouché utile , quoique très-évidemment il fût plus utile s'il y avoit moins de charges.

Certainement il faut que préalablement à l'armée, il y ait une culture, une production, un revenu net, qui rende l'armée utile , & qui la ftipendie ; & il s'en fuit que l'armée & fa folde doivent être en proportion du produit net de la culture. En demandant que cette proportion foit obfervée , nous n'avons jamais imaginé de defirer le licenciement total de l'armée.

Or, c'eſt précifément ce que fait l'Auteur en appliquant mal à fon objet des maximes générales évidentes par elles-mêmes.

Par une fuite du même principe d'augmenter le produit net des propriétés coloniales , car il eſt très-conféquent à fon intérêt privé , il nous propofe de n'entretenir aucuns matelots-pêcheurs pour la fubfiſtance de nos Colonies.

Le motif eſt que la pêche étrangère fe faifant néceſſairement à meilleur marché que la nôtre , il en réfultera une économie de nourriture pour les efclaves.

Le prétexte eſt que la pêche françoife ne furpaſſe pas la confommation du royaume & fes verfemens en Italie.

La confolation qu'il préfente à la Métropole , c'eſt que cette morue fe vendra 32 livres en Europe, & feulement 18 à l'Amérique par les autres peuples pêcheurs.

Le motif eſt clair ; j'y crois en général pour le moment, fauf explication lorfque l'Auteur viendra à en exagérer le bénéfice.

Le prétexte n'eſt exact ni judicieux. Il n'eſt pas exact, parce que nos magafins font notoirement remplis de morues invendues; parce que le prix de 32 livres doit indifpenfablement attirer & attire aux marchés de l'Europe, ceux qui font en état de la vendre 18 livres en Amérique , & qu'ils doivent indifpenfablement nous fupplanter dans les marchés libres. Il n'eſt pas judicieux, parce que le plus grand intérêt de la France , après fa culture propre, eſt celui de la pêche qu'elle peut faire; parce que cette pêche, ſuſceptible d'extenſion aujourd'hui, ne peut être encouragée que par l'aſſurance de la conſommation; parce que la conſommation étrangère étant anéantie en Europe par la concurrence des autres peuples pêcheurs, il ne nous reſte de reſſource pour conſerver notre pêche, que la converſion de ſon produit en ſucres, cafés, indigots & cotons qui ſont recherchés.

L'auteur lui-même me fournit un ſurcroit d'appui à cette démonſtration, par cette queſtion qu'il fait : *qu'étoient nos iſles lorſque Louis XIV triomphoit des flottes combinées de l'Angleterre & de la Hollande ? Il falloit qu'il y eût alors d'autres moyens de multiplier les gens de mer.*

Ma réponſe eſt que nous péchions alors la morue & la baleine : le traité d'Utrecht, en nous privant de Terre - Neuve & de l'Acadie, nous dépouilla de la pêche de la morue & de l'entretien de plus de quinze mille matelots; depuis, la perte de Saint-Jean & de ſa Gaſpeſie nous en a encore retranché deux ou trois mille. D'autres circonſtances ont anéanti la pêche de la baleine. Le ſyſtême de la guerre maritime alors, étoit bien différent, il exigeoit moins de monde. Sans la navigation des Colonies, nos pertes euſſent été bien plus remarquables, & elles ſe peuvent encore facilement réparer par la reſtauration de nos pêches. Le premier moyen, eſt ſans contredit la conſommation excluſive de nos Colonies.

La diſſertation de l'Auteur, page 29, ſur la propoſition VIII, me trouvera moins éloigné de lui qu'il ne l'aura préjugé peut-être, quoique très - contraire aux exceptions qu'il propoſe; c'eſt ici le lieu de traiter de l'admiſſion des étrangers pendant la paix, ou en d'autres termes de la modification du régime prohibitif. Je ne ſuis pas plus d'opinion d'admettre aveuglément pour règle, l'intérêt du lucre mercantil, que celui du lucre colonial : bien perſuadé d'ailleurs qu'il eſt indiſpenſable d'écouter ſans préoccupation les moyens dont l'un & l'autre s'étaïe; pour peſer ce qui doit en réſulter pour la force réelle & relative du royaume, par l'emploi de ſon peuple, par les moyens de finance que produit cet emploi.

En conféquence , j'ai toujours penfé que même en temps de paix , l'exécution abfolue du régime prohibitif , pouvoit , par des circonftances rares , fortuites & locales, avoir befoin de quelqu'adouciffement momentané : en même temps que j'ai regardé comme un intérêt capital au gouvernement, d'employer fa fageffe à diminuer la fomme des motifs de cette admiffion étrangère , toujours deftructive de la profpérité nationale. Je fuis convaincu que ces circonftances ne devant & ne pouvant pas être habituelles , lorfqu'on le voudra bien , c'eft à l'adminiftration locale feule à juger de leur mérite ; & elle le fera toujours avec jufteffe lorfqu'elle fera intelligente & fidelle. Nul réglement public & permanent n'y peut intervenir fans inconvénient, & même fans danger pour le droit de fouveraineté. Ce qui fe paffe en ce moment , la chaleur inconfidérée des difcours & des écrits , une affociation exclufive formée au fein de la capitale , des lettres anonymes , des abus de confiance ; tout cela me perfuade que je n'ai pas tort.

La feule règle à impofer aux adminiftrateurs , confifte à leur enjoindre de ne jamais perdre de vue , que tout doit être dirigé d'après l'intérêt fuprême de la force réelle & relative du royaume , par l'emploi de fon peuple , en commençant par l'agriculture & la pêche.

L'autorité fupérieure peut facilement fe munir d'une bouffole pour apprécier la fageffe & la fidélité de fes délégués. Qu'elle fe forme un tarif du poids des denrées coloniales , livrées pendant les dix dernières années de paix , en échange des néceffités premières & des comeftibles : d'après ce taux commun , elle jugera en tout temps fi la tolérance de fes adminiftrateurs aura été trop précipitée ou trop lente. C'eft ainfi qu'autrefois procédoient les généraux & les Intendans , dont la mémoire eft reftée en honneur également dans nos Colonies & dans nos ports. Le leurre des valeurs numéraires , ne fera jamais employé que pour tromper : c'eft mon dernier mot, & je le dénonce comme la Pierre de touche ou d'épreuve avec laquelle on jugera les mémoires , les comptes rendus , & les hommes.

Que l'on effaye de cette méthode , qui ne peut rien compromettre ; que l'autorité soit ferme à punir, & habile à récompenser ; & rapportons nous-en à l'activité du lucre. Elle-même fera tous les rabais que le prix des marchés de l'Europe lui permettra de faire, par la seule concurrence nationale.

Je n'ai jamais entrevu le moindre inconvénient à l'introduction des syrops & tafiats dans le royaume : le commerce du Nord & celui de l'Afrique, qu'il convient d'augmenter, en seroient alimentés, sans aucun préjudice pour nos eaux-de-vie. Il y a eu plus d'inconsistance & de préjugé que d'examen dans les partis qu'on a pris. Cet article leveroit une grande pierre de scandale : dût-on, à défaut d'autres moyens plus convenables, obliger les vaisseaux à en charger une certaine quantité proportionnelle à leur continence. Notre gloriole peut trouver son compte à ne jamais revenir sur ses pas ; mais non pas notre conscience & notre véritable honneur : aiäsi la décission contre l'entrée libre des tafiats, ne me paroît pas une raison légitime pour continuer de l'interdire.

J'attache encore moins d'importance à la défense d'importer en pain le sucre rafiné de nos Isles. Nos rafineries ont exercé pendant la guerre un monopole égal contre nous & les planteurs ; la somme des bras qu'elles occupent n'est pas une considération suffisante pour jetter le royaume dans de doubles frais, & la liberté la plus entière seroit utile à la prospérité commune. La perte sur l'encombrement des vaisseaux de transport par la permission des rafineries dans nos Isles, est consommée, & il n'est plus possible d'y revenir après plus d'un siècle. Il s'agiroit au contraire de tirer parti de l'abus irrémédiable, dont les Anglois ont donné le premier exemple. Je ne puis au surplus me dispenser de dire qu'il n'est pas exact d'avancer que les rafineries ont multiplié les sirops & les tafiats ; le contraire sera plus vrai à mesure que les rafineries se perfectionneront.

Voilà mes concessions ; mais je les borne là, & lorsque nous en serons aux avantages promis par l'Auteur en récompense des économies qu'il propose sur la culture coloniale, j'acheverai d'exposer ma doctrine, qui ne sera pas d'accord avec la sienne, parce que j'aime ma patrie, dont je crois connoître les intérêts.

( 14 )

En attendant, j'obferverai, à l'égard des modifications appor-
tées par chaque peuple à fon régime prohibitif, qu'elles font
toutes relatives à leurs pofitions différentes. Pour Dieu ne deve-
nons pas une nation de finges dans nos affaires, comme dans le
coftume de nos habillemens & de nos allures ridicules de la
matinée.

Les Danois ont raifon d'efpérer plus de bénéfice de leur
interlope dans nos ifles & dans les autres, que de leur culture : & dès lors d'ouvrir un entrepôt libre au commerce des
Noirs. Les Suédois auront le même intérêt. La Hollande qui
manque habituellement chez elle de fubfiftances pour la moitié
de fa population, doit ouvrir fes Colonies aux comeftibles, permettre la fortie des firops & tafiats pour les payer. Les Anglois tolèrent en ce moment l'infraction de leur acte de navigation par les Américains indépendans. Des circonftances
phyfiques les y ont forcés pour leur bien ; attendons la fuite pour
connoître leurs principes. Ce qu'il y a de conftant, c'eft qu'ils
ont plus gagné dans nos ifles, par le bénéfice de l'arrêt du
30 août, que les Américains unis ; & de quelque manière
qu'ils fe conduifent avec ces derniers, ils auront toujours la
principale portion d'intérêt dans nos tolérances. Les Anglois
manquent de cotons, d'indigots, de fucres, pour l'emploi
de leurs manufactures & leur confommation ; ils ont donc
agi très - conféquemment d'en permettre l'introduction dans
leurs Colonies ; & ils ont réuffi à priver nos manufactures de
Normandie de matières premières, tous les prix y font ren-
chéris d'un quart. Ils continueront ce commerce utile, ou
directement, ou par l'entremife des Américains unis. Voilà
même ce qui contribuera à refferrer de plus en plus leurs liai-
fons de commerce.

Voici cependant l'effet que la cherté de ces denrées chez
eux a produit. Les commerçans Anglois trouvant à gagner fur
leurs retours en Angleterre, ont pu donner leurs Noirs & autres
denrées dans nos Colonies à meilleure compofition. Nos commerçans au contraire, qui n'ont que les marchés libres de l'Europe pour débiter les deux tiers de nos denrées coloniales,
en concurrence avec tout le monde, font forcés de fuivre

dans leurs échanges la proportion du prix final , que la con-
venance des confommateurs libres met à ces denrées. Ce prix
étant très - inférieur à celui que le confommateur d'Angleterre
y met , à caufe de la rareté , il a fallu que l'agent François
cherchât à gagner fur la vente de la marchandife importée,
ce qu'il avoit perdu fur le retour. Ce que je viens d'expofer
eft un fait de notoriété publique en France & en Angleterre;
chacun eft à portée de le vérifier. La concurrence étrangère
a porté très-haut le prix des denrées coloniales , tandis que le
prix des marchés d'Europe n'a pas fuivi cette propofition.

Cependant la cupidité des planteurs François s'eft allumée
fur cette comparaifon , & ne s'eft pas attachée à en connoître la
caufe. Comme nous avons vu en France nombre de propriétaires, très-contents d'avoir augmenté d'un quart leurs baux par
un moment d'effervefcence fur le prix des grains , fe récrier
enfuite fur l'augmentation que les falaires , la main-d'œuvre ,
& toutes les denrées territoriales ou induftrielles réclamoient
à cette occafion. Telle eft la marche de l'intérêt privé, par
la nature des chofes; il ne faut ni s'en fâcher, ni s'en effrayer.
Comme on a dit en France, point de manufactures , liberté
plénière ; le planteur a dit, achetons tout des Anglois, ven-
dons tout aux Anglois. La propofition sèche eût peut-être
effarouché ; mais des gens adroits & prudens ont tourné la
montagne trop efcarpée pour la gravir. Ils ont promis à l'État
des profits qui doivent réfulter pour lui de ce gain fait par
la culture coloniale dans le commerce avec l'Anglois. Ces
profits promis magnifiquement, & nullement prouvés ni pro-
bables , ne pourroient jamais durer que jufqu'à ce que l'a-
bondance de nos denrées coloniales en Anglettere, y eût mis
les prix au pair des autres marchés libres de l'Europe : mais
nos planteurs ne font pas chargés de calculer, fi avant l'intérêt de la Métropole , leur avantage préfent leur fuffit. Telle
eft en abrégé la fource du différent actuel, & de cette grande
explofion à laquelle on s'eft flatté que l'indépendance des États-
Unis donneroit une confiftence politique. J'ai entendu : j'ef-
père qu'on m'entend. Il me fuffit en ce moment de mettre
chacun en état de conclure , que la pofition de chaque Mé-

( 16 )

tropole doit guider ſes combinaiſons dans l'exercice de ſon régime prohibitif.

Je paſſe dans l'examen de la Réplique ſur tout ce qui ne peut opérer que des redites inutiles, ou produire des réſultats dignes de diſcuſſion ; mais ſans approbation de beaucoup de choſes que je néglige.

Me voici à la page 55 ; on y demande que les Lettres-Patentes de 1727 ſoient réformées, & qu'on y ajoute l'exception du cas extrême en temps de guerre. Je ne puis approuver en général qu'on modifie une loi conſtitutive, par un cas particulier du futur contingent. C'eſt au bon ſens & à l'intérêt de la puiſſance exécutrice, à faire dans ce cas l'adouciſſement néceſſaire au droit rigoureux. Trop parler nuit ſouvent ; ſur-tout en fait de droits & d'autorité ſuprême : ces actes bien-faiſans ſont, ce me ſemble, les ſeules déclarations d'aſſurance qu'elle doit donner ; & cela tient à la magie du gouvernement. Je ne dois pas en dire davantage ſur cette matière ; bien convaincu d'ailleurs que les lumières ſont trop avancées aujourd'hui, pour croire qu'on s'aviſe jamais de diſtraire les forces deſtinées à l'attaque, dans un genre de guerre qui ne comporte pas la défenſive. C'eſt un mal néceſſaire dont la Métropole retrouvera le bénéfice à la paix, pourvu qu'il n'y ait pas d'entrepôts auſſi déſaſtreux que l'admiſſion indéfinie.

Mais je ne puis, ſous aucune face, regarder comme bon moyen, la permiſſion qu'on accorderoit aux étrangers de faire le commerce de nos Colonies en tout temps, même ſous la condition de n'armer que dans nos ports, & ſous le droit prohibitif de 30 livres par tonneau, tant plein que vuide. L'Auteur doit prévoir mieux qu'un autre que, dans notre manière d'être, la faveur pourroit en diſpenſer trop fréquemment & ſans que perſonne le ſût. Tant de perſonnes conſidérables ont aujourd'hui des poſſeſſions à l'Amérique, que le miniſtère ſeroit obſédé ſans ceſſe de demandes embarraſ-ſantes. Enfin la cupidité du ſiècle eſt trop hardie, l'objet tient de trop près à la ſûreté de l'Empire, pour expoſer le Roi à des ſurpriſes, dont la preuve ſeroit très-difficilement acquiſe. Cette matière eſt trop de détail, & peut ſouvent

tenir

tenir de trop près aux secrets & à l'action de la puissance exécutrice, pour donner aux tribunaux l'inspection sur la pra-
tique d'une pareille loi; en même-temps qu'elle est trop importante à la prospérité du Royaume, pour l'abandonner aux
influences clandestines. Sous ce point de vue seul, la pro-
position doit révolter tous les citoyens honnêtes. Je pourrois
ajouter des raisons extérieures d'un très-grand poids, qui tiennent
à la politique étrangère, & qui, par cette raison, ne sont pas
susceptibles de la publicité d'un écrit polémique.

Je n'entrerai point dans le détail de la Réplique sur l'art.
XVI relativement aux entrepôts; ce ne seroit que répéter
des faits consacrés par la notoriété publique, reconnus par
l'administration même; à qui l'on a présenté pour y pourvoir
des moyens contraires dans le fait à ses intentions, imprati-
cables, ou révoltans dans la seule forme qui en assureroit
l'exécution, dégoûtans pour des administrateurs fidelles, &
infiniment dangereux dans la main des autres.

Je ne puis cependant passer sous silence une assertion de
l'Auteur; *que les seuls Américains unis peuvent participer au
bénéfice des Entrepôts.* Outre qu'il m'importe fort peu par
qui le mal nous arrive, l'Auteur oublie-t-il qu'une partie des
Américains du continent sont sujets de l'Angleterre? ignore-
t-il que c'est elle qui jouit principalement aujourd'hui de nos
Isles, & qui nous a débauché un grand nombre de Matelots? qu'en ce moment les Américains unis sont dégoutés par
la concurrence qui n'est pas Françoise, toute l'Europe le
fait avec étonnement. L'expérience aura été bien coûteuse
pour le peuple François sur-tout dans le moment où elle a
été faite, mais il sera bientôt reconnu qu'il est impossible à
deux Nations à la fois de soutenir le commerce de nos Isles
en concurrence entre elles, sauf la diversité de certaines productions exclusives: il restera, avec leur propriété, à celui
qui sera assez riche pour supporter plus long-temps la perte
du reversement des retours dans les marchés libres de l'Europe. Car enfin quoiqu'il soit vrai qu'un État a pû gagner
où ses marchands ont perdu, il seroit absurde d'imaginer que

C

celui qui n'en a que de ruinés confervera un commerce national actif. L'humeur & l'envie feules pourroient mécon-
noître ainfi l'effence des chofes ; & dire tout haut *enfin voilà
nos Commerçans abîmés* ! belle & grande victoire, noble
fentiment ! étrangers quelconques qui remplacerés nos marchands dans les Colonies Françoifes , voilà la morale des
débiteurs : ouvrés vos coffres. Je dois obferver que je n'im-
pute pas à l'Auteur, ces propos tenus dans fon armée, trop
ouvertement.

Je n'infifterai pas fur l'évaluation du produit net des terres dans nos Ifles, page 67 : parce qu'il eft toujours défobli-
geant de faire l'inventaire d'une propriété qui n'eft pas la
fienne. Je me tairai donc fur bien des notions dont je pourrois
faire ufage , & fans difpute je bornerai ce produit à 8 p$^r$ 100,
l'un dans l'autre. Je n'en veux tirer que la comparaifon de
l'utilité des propriétés territoriales dans la Métropole, où elles
ne rapportent pas toujours 3 pour 100 : & que l'Auteur veut
encore priver d'une partie de fes débouchés directs & indi-
rects dans les Colonies, pour accroître le produit net des
propriétés Coloniales. C'eft au moins une grande dureté.

Mais puifque nous en fommes fur la matière du produit
net des plantations Coloniales , je crois que c'eft ici la place
d'établir un calcul intéreffant. L'opinion commune porte le
produit net au tiers du produit brut de la culture bien tenue.
Celui-ci eft de 160 millions dont le net fera 56 millions à
dépenfer par les propriétaires rangés fuivant leur goût ou
leur caprice , & l'excédent de 104 millions fert à l'entretien
& au remplacement de la culture.

Suppofons à préfent que pour augmenter le bénéfice de
cette culture, les Planteurs reçoivent des nations étrangeres
tout ce qui appartient au renouvellement, & à l'entretien
de la culture , en nous réfervant par grace, comme on nous
le promet, la dépenfe du revenu net : il eft évident que le
peuple François ne fera plus occupé que jufqu'à la concurrence de 56 millions au lieu de 160.

104 Millions répandus dans la circulation par l'emploi des
pauvres , font fubfifter directement au moins deux millions
d'hommes.

Il eſt notoire qu'il n'y a pas un ſeul homme occupé par une ſubſiſtance de 500 liv., qui ne paye au moins à l'État 20 liv. de contributions quelconques.

Voilà donc évidemment un vuide direct 1°. de ſubſiſtance pour deux millions d'hommes ; 2°. de 40 millions dans les revenus publics de la Métropole ; ſans compter les réactions dont je fais grace pour abréger.

Dans cette hypothèſe, la France feroit toutes ces pertes, & l'étranger tous ces profits. Quel qu'il ſoit, en eſt-il un qui doive nous être aſſez cher pour lui faire ce ſacrifice ? Mais ſi c'étoit une nation rivale, quel aſcendant ne lui donneroit pas ſur nous, cette double force réelle & relative ?

J'expoſe un calcul ſimple, à la portée de tout le monde ; je laiſſe le commentaire à faire aux propriétaires des terres, aux manufacturiers, aux pêcheurs, aux créanciers publics, à nos alliés.

En vain objecteroit-on que dans le ſyſtême de l'Auteur, nos fabriques nous dédommageront de nos pertes. Et quelle portion occupent nos fabriques dans la miſe générale de l'entretien & du renouvellement de cette culture ? qui nous en garantiroit même la fourniture ? C'eſt une conſolation puérile qui ne peut être propoſée qu'à une nation d'enfans.

De ces calculs je tire d'autres conſéquences immédiates contre le ſyſtême de l'Auteur & de la plus grande importance.

1°. Dans ſon hypothèſe favorite, que l'économie réſultante des fournitures étrangeres feroit employée en accroiſſemens de culture, dont le bénéfice reviendroit à la Métropole ; il reſteroit évident que le produit net n'étant au produit brut que comme 1 eſt à 3, les étrangers bénéficieroient de 2 millions néceſſairement avant que nous euſſions un accroiſſement de travail d'un million ; nous reſterions donc toujours dans l'infériorité réelle & relative. 2°. L'Intérêt de la Métropole dans l'extenſion de la culture Coloniale n'exiſte, qu'autant qu'elle même l'aura opérée par le travail de ſon peuple ; car c'eſt la ſeule manière dont ſa force réelle & relative puiſſe être augmentée.

Nous voici parvenus à la deuxième partie de la Réplique ;

l'Auteur débute page 79 , par traiter avec peu de ménage-
ment un grand homme , son devancier , qui n'a pas vû comme
lui ; & à ce tort il ajoute celui d'une infidélité notable à
l'égard de son texte. L'illuftre Préfident de Montefquieu avoit
dit, *l'objet des nouvelles Colonies des Européens eft d'y faire
le commerce à de meilleures conditions qu'on ne le fait avec
les peuples voifins avec lesquels tous les avantages font réci-
proques. La Métropole feule y peut négocier & cela avec grande
raifon , parce que le but de l'établiffement a été l'extenfion
du commerce.*

Il eft évident qu'entre fociétés indépendantes on peut être
prévenu dans l'échange par fes concurrens ; on y calcule dans
les échanges le bénéfice de l'emploi des hommes occupés
refpectivement ; chacun fait qu'il y a un commerce actif & un
commerce paffif , & que celui dont le commerce eft paffif,
eft dans la dépendance de l'autre. Ainfi Montefquieu qui devoit dans le genre de fon ouvrage , généralifer le plus qu'il étoit
poffible les idées , a pu exprimer ainfi ces vérités primitives
par abréviation. On a tronqué ce court paragraphe , & voici
ce qu'on ofe en dire : *ce qui traduit exactement, fignifie que
nos Colonies au dire de M. de Montefquieu , n'ont été fondées
que pour avoir un marché où nous puffions vendre plus cher
que chez l'étranger.*

On confeille à l'Auteur d'apprendre à lire l'Efprit des Loix
avant de s'ingérer de le traduire. Le texte en fon entier ca-
ractérife fuffifamment l'infidélité méditée du traducteur ; &
il femble ne l'avoir commife que pour marcher à côté de lui,
& lui avoir coupé les jambes pour fe retrouver au niveau.
Car après avoir avili & ridiculifé le texte autant qu'il étoit en
lui, il compare le fien de la maxime VI ; & dans l'extafe de
fon genie, il s'écrie, *effayés de trouver dans les ouvrages donnés
au public fur cette matière , que les Colonies font deftinées à
porter le commerce de la nation au-delà de fes bornes natu-
relles & premières , & que cette extenfion du commerce s'opère
par la converfion des denrées de la Métropole , en d'autres denrées plus utilement ou plus facilement commerçables.* Cette idée
ne m'ayant paru rien moins que nouvelle , j'ai cherché à vé-

rifier mon doute ; le premier livre qui me tombe fous la main, eſt celui qui a pour titre : *Principes & Obſervations Économiques*, & voici ce que je trouve tome I. page 68 : *Pour donner aux propriétaires de nouveaux motifs de produire, diverſes ſociétés ont établi des Colonies ſous des climats différents du leur ; elles en retirent des denrées uniques & privilégiées, qu'elles échangent avec leurs productions territoriales & de main-d'œuvre. Le ſuperflu de leur conſommation paſſe à l'étranger qui en a beſoin, & qui procure ainſi la conſommation d'une production territoriale de la Métropole, qu'il n'auroit pas pu ou voulu faire.*

*Ainſi toute perte de Colonie pourvue de ſes beſoins par la Métropole, eſt un retranchement de ſon revenu territorial ; ainſi l'introduction de l'étranger dans le commerce direct de ces Colonies, eſt exactement la ceſſion gratuite d'une portion des récoltes de la Métropole, & un moyen infaillible de conduire les Colonies à l'indépendance.*

J'ouvre le chap. Colonie, tome II, des Élemens du Commerce, par le même Auteur ; j'y vois la même doctrine, les mêmes expreſſions. J'ai rempli, je crois, le vœu ou le défi de l'Auteur de la Réplique, il me doit un remercîment ; & je le prie à mon tour de traduire ſon procédé & ſa prétention envers le public. Car à l'égard de ces ouvrages que je n'ai nulle envie de déprimer aſſurément, je ne vois pas qu'on leur faſſe grand tort ; & j'affirme que je connoiſſois ou que j'avois entendu dire les mêmes choſes bien avant qu'elles y fuſſent écrites. Ainſi l'Auteur de la Réplique a pu les apprendre auſſi ; mais il ne les a pas créées comme il s'en vante pendant une grande page & demie ; où il ſe donne modeſtement *l'aptitude à voir promptement, à voir loin, à voir net ;* & le mérite *d'avoir pu ſuffire en quatre pages à force de préciſion & de logique, à embraſſer tout l'enſemble de l'adminiſtration la plus compliquée, celle des Colonies.* Tout cela ſe trouve aux pages 80 & 81, & eſt vraiment fort gai.

Rentrons à préſent dans l'ordre du bon ſens ; l'Auteur nous dit que, graces à ſon principe lumineux, il n'eſt déſormais beſoin que d'un homme ayant ſeulement le ſens droit

pour conduire infailliblement & promptement à la décision
jufte du procès actuel. Cependant la citation que je viens de
faire, tirée des Principes & Obfervations Economiques, ren-
ferme une conféquence très-liée, très-directe du principe
lumineux ; & elle eft diamétralement oppofée à la décision
de l'Auteur de la Réplique. Je crains que malgré *la parfaite
exactitude de logique* dont il fe vante, il ne puiffe fe fauver
d'ici qu'à force de foupleffes métaphyfiques qu'il n'eft pas heureux à rendre claires, ou d'exceptions locales dont il ne réuf-
fira pas toujours à juftifier la juftèffe.

Celle qu'il tire fans ceffe du cas de guerre & dont je fuis
d'accord avec lui, n'eft qu'une néceffité malheureufe qui fup-
pofe le retour au régime prohibitif lorfque ce fléau ceffera.
Mais ce feroit mal raifonner de partir de l'exception ordonnée
par la néceffité, pour en propofer d'autres qui ne feroient
pas dans cet ordre.

L'extenfion de la culture Coloniale eft une première con-
venance, mais elle fous-entend indifpenfablement l'extenfion
du commerce national. En vain me dira-t-on à chaque page
que les Négres achetés de l'étranger rapporteront dix fois leur
valeur : cela peut être & ne me fuffit pas ; fi je vois d'abord
la valeur de ces Négres fouftraite à la maffe des denrées qui
doivent alimenter le commerce national & fa Navigation ;
s'il eft évident que les remplacemens annuels, leur nourriture & leur entretien rapporteront à nos Rivaux annuelle-
ment les deux tiers au moins de cet accroît de production ;
que cette ambition précipitée d'accroiffement devient une léfion
manifefte envers les prêteurs des avances de la culture fubfif-
tante ; & je déclare que je ne leur tiens par aucun rapport
que celui de la juftice & de l'humanité dont je fais profef-
fion. Lorfqu'enfin tout ce grand étalage de promeffes, ne
fert au fond qu'à mafquer le projet formel d'une introduction libre & générale dans les Colonies, de concurrens dont
la Métropole ne peut, par diverfes circonftances, balancer
l'influence. J'en concluerai qu'il faut que le Gouvernement
faffe des efforts pour opérer graduellement & le plus promptement poffible, ces accroiffemens de culture par le travail

& l'agence de son peuple ; parce qu'il a été démontré qu'il n'y a pas d'intérêt autrement.

L'Auteur demande, page 25, *si nous pouvons faire pis que de laisser aller à la Havane, à Surinam, & dans les autres Colonies rivales, les Négres que nous aurions pu retenir pour le progrès de nos propres plantations.* Mais pour l'empêcher il faudroit que nous eussions un privilège exclusif de la traite en Afrique ; ou que les autres Colonies n'eussent point de profit à cultiver, & ne pussent payer les Négres comme les nôtres. Je ne puis trouver qu'une ambition exaltée dans cette question extraordinaire ; & très-peu de logique, tant que ce ne seront pas nos vaisseaux qui porteront ces Négres dans les Colonies étrangères. Fait arrivé pour la Havane cependant ; que je suis bien éloigné d'approuver, & qui n'a été produit que par l'impossibilité de traiter utilement dans nos Colonies en concurrence avec l'étranger, & avec sûreté pour le payement. Ce mal ne peut même que s'accroître, si les capitaux de nos marchands n'ont plus d'autre emploi utile. Nos planteurs & leurs harangueurs n'ont peut-être pas assez réfléchi sur le danger de cette position & les suites de leur effervescence. Je connois aussi bien qu'eux, les causes qui retardent le progrès de la culture de la plaine de la Havane & de Portorico ; mais la réforme en est reconnue nécessaire & projettée ; tout tient peut-être à détacher deux ou trois hommes capables, du soin d'une propriété étrangère ; & le Gouverneur actuel de la Havane est un homme de génie, très-actif. Mais cette Afrique elle-même, est-elle donc inépuisable ? ces considérations se réunissent pour porter les planteurs bons économes, à ne pas forcer leurs terres & leurs Négres comme font le plus grand nombre, uniquement occupés de l'attrait du moment & du prix inattendu auquel les sucres sont montés. Ce n'est pas tant l'extension de leur culture qui les presse la plupart, que celle de leur luxe & de leur prodigalité ; & c'est principalement à cet intérêt que seroit sacrifiée la prospérité du Royaume. Je n'entends blâmer personne dans l'usage du sien, ni gêner sa liberté ; mais une question de cette importance doit être envisagée sous toutes ses faces. On nous demande des facrifices fous la promeffe d'une utilité qui nous reviendra ; j'ai prouvé que cette utilité feroit nulle par le mode de l'extenfion de culture propofé ; & je dois avertir que cette extenfion même feroit bien rare ; que de la manière dont on procède aujourd'hui à cette culture, on force les terres, on énerve les bras. Les planteurs fenfés & intelligens ne me défavoueront pas ; & s'il eft vrai que la population de l'Afrique commence à décliner comme on l'affure, il eft facile de lire dans l'avenir. La chofe la plus utile pour les Colonies, feroit peut-être en ce moment un encouragement pour la population des Négres dans nos atteliers. Je ne puis quitter cette tirade de la Réplique, fans relever un principe très-peu loyal de l'Auteur ; dans fon vœu d'acaparer l'Afrique entière dans nos plantations, voici fes propres paroles : *la follicitude du Gouvernement peut-elle fe fixer fur les créances de nos marchands, quand il s'agit d'un interêt immenfe pour le Royaume ?* Je répondrai à cette mauvaife morale dejà expofée une fois dans fa Réplique, que le jufte & l'honnête précéderont toujours l'utile dans un gouvernement fage & modéré, comme chez les particuliers qui prétendent à l'eftime & à la confidération. Un propriétaire Européen qui propoferoit à fon Gouvernement d'augmenter confidérablement la culture de fes domaines à la grande utilité du public, mais en lui accordant des lettres de furféance contre les créanciers qui lui ont prêté de quoi acheter fes terres, ne recevroit certainement pas de réponfe ; mais la famille pourroit s'affembler.

Fidelle à fes vues, autant qu'il l'eft peu à fa logique, l'Auteur veut encore, page 89, que les farines Américaines foient fubftituées aux notres ; page 91, il perfifte à priver notre navigation du tranfport des falaifons d'Irlande que nous recevions en échange de nos vins. Page 93, il y joint de nouveau la fourniture de la morue. Ainfi abandonnant fans ceffe le principe lumineux qu'il croyoit avoir créé, il commence fes retranchemens fur la profpérité nationale, par les bafes fondamentales de tout commerce, la production territoriale & la pêche. Il et vrai que fans ceffe il réitère des promeffes de
dédommager

dédommager la Métropole par le reverſement de l'accroît du revenu net des Colons.

Promettre & tenir ſont deux choſes : j'ai compté, & je vois évidemment qu'il ne peut tenir ce qu'il promet ; ainſi point de marché. Mais à meſure que ſes calculs exagérés ou erronés ont été confondus par ſon adverſaire, il en établit de nouveaux dans ſa Réplique ſur une baſe captieuſe & équivoque. Il faut donc le ſuivre & revenir ſur ces mêmes objets.

La morue françoiſe, dit-il, ne pourroit être vendue dans nos Colonies au-deſſous de 60 livres. Moi je dis que ce ſera ſuivant le prix des denrées Coloniales, comparé avec le prix de revente dans les marchés libres de l'Europe. Le véritable, l'unique prix d'un quintal de morue dans nos Iſles, eſt la quantité de livres de ſucre ou de café données en échange de ce quintal. Tout autre énoncé n'eſt pas exact ; n'eſt propre qu'à induire en erreur ; l'affecter ſans ceſſe c'eſt craindre la lumière & la cacher aux autres. A Paris, la morue ſeche françoiſe ſe vend à la halle de 6 à 8 ſols la livre, ou 40 liv. le quintal de la 3$^e$. ou 4$^e$. main : elle a été payée au plus 25 à 30 livres à l'armateur : il auroit donc pu la donner de 40 à 45 livres eſpèce d'Amérique, plus foible d'un tiers que la nôtre, s'il eût été payé en piaſtres ; il l'auroit même donnée à beaucoup moins, payée en argent, parce qu'il auroit gagné un fret de retour. Mais ſi au lieu de le payer en piaſtres, ſur leſquelles il n'y auroit qu'un tiers à perdre en Europe, on veut le payer en ſucres évalués ſi haut, qu'il y aura 60 pour 100 à perdre dans la revente en Europe, & qui en chargeant ſon vaiſſeau l'empêcheront de gagner un fret, il eſt forcé alors de hauſſer le prix de ſa morue, pour retrouver ſon pair du prix de l'Europe. Les 7 huitièmes des Lecteurs Pariſiens ſe feront perſuadés que ce prix de 60 livres comprenoit un profit de 20 liv., que l'armateur vouloit faire ſur le conſommateur Américain, au-deſſus du prix qu'il exige du conſommateur François : & le grand art eſt de donner occaſion de croire ce qu'on n'oſeroit dire. Le fait eſt que le conſommateur Américain paye toujours la morue françoiſe moins cher que le conſommateur François :

D

voilà ce que j'ai cru utile de dévoiler à la partie du public qui n'eſt pas inſtruite , & qui juge cependant.

Revenons aux calculs de la Réplique. J'admets leur exagération pour abréger ; que nos Iſles conſomment 572,000 quintaux de morue ſeche ; qu'il en réſulteroit pour elles un bénéfice de 15 millions à l'acheter des étrangers. Je ſuppoſerai encore que ces 15 millions réduits à 10 millions tournois par le change, ſeront employés en accroiſſement d'achats dans le Royaume. Je ne cherche pas à diminuer la force des propoſitions de l'Auteur , comme on le voit.

Eh bien, j'affirme encore qu'il ſeroit infiniment plus utile & incomparablement plus ſûr pour la proſpérité de la France , d'étendre notre pêche qui en eſt ſuſceptible , par des armemens qui mettroient en activité, pour cet objet ſeul, au moins 15 millions de capitaux & 12 mille matelots de plus. Voilà l'intérêt ſuprême de l'Etat, de la couronne de France & de ſa dignité; le véritable uſage des Colonies pour l'extenſion de la proſpérité nationale. Perſonne n'oſera me dédire, que nos conſeils ſoient comparés.

Page 104, l'Auteur évalue à 6,250,000 livres , l'économie que les Iſles feroient en achetant les farines de l'étranger, par préférence à celles de la Métropole. Cette économie , réductible à 4 millions par le change, produira, nous prometon , un accroiſſement de débit de 4 millions pour nos fabriques. Mais quel étrange calcul eſt celui la ? Je vous envoyois pour 12 millions de productions territoriales , vous me propoſez d'y renoncer, pour en dépenſer 4 en denrées fabriquées. D'abord j'y vois 8 millions effectifs de perte , & certainement vous me prenez pour un ſot.

Vous avez tort : j'entens aſſez mes affaires pour ne pas troquer une ſomme d'échanges en denrées territoriales , contre une ſomme égale de denrées de main d'œuvre. Je connois le prix de la main d'œuvre, & je l'eſtime autant qu'homme de France, en raiſon du ſervice qu'elle rend de convertir la denrée territoriale, qui n'eſt pas toujours commerçable au dehors , en denrées plus appropriées à la conſommation intérieure & extérieure ; qu'elle garantit de l'oifiveté & entretient une forte partie de notre population ; qu'elle fubftitue des confommateurs utiles à des confommateurs onéreux. Mais je vous déclare que fi j'avois le droit de fournir exclufivement un pays quelconque en denrées territoriales, en renonçant même à lui vendre d'autant moins de fucre & de café, je n'héfiterois pas. Gardez donc vos confeils ; défiez vous de votre imagination, & doutez plus long-temps. Je vous parlerois plus févèrement, *fi au milieu* de vos écarts je ne trouvois, page 110, cette confeffion dont je prens acte. *Le marché des Colonies doit appartenir à la pêche françoife, fi le débit utile de cette denrée manque en Europe : il en feroit de même pour nos vins fi les Américains pouvoient parvenir à en fournir nos Ifles à plus bas prix.... Je crois plus qu'aucun negociant, que les Colonies ne doivent exifter que pour la Métropole : je crois que les étrangers ne doivent jamais y être admis, fi ce n'eft pour l'utilité de la Métropole.* Et cependant vous ne manquerez aucune occafion dans le refte de votre Réplique de détruire par le fait, cette même déclaration. Pour vous trouver d'accord avec vous-même, je fuis réduit à croire que la chimere de vos calculs brouille quelquefois votre métaphyfique ; & que cette métaphyfique nébuleufe corrompt un bon fond de théorie.

Je fuis très-d'accord avec l'Auteur de la Réplique, page 112, que la contrebande dans nos Colonies ne fera point faite par les Colons ; mais par les négocians qui y font établis, & qui n'y font que pour gagner vîte, où, & comme ils le pourront : cela tient à la nature des chofes. C'eft un des plus forts argumens contre les entrepôts : & l'on peut compter que cette communication journalière, cette multiplication de correfpondances étrangères autorifées, ouvrira pour eux un champ vafte aux fpéculations les plus défaftreufes pour la Métropole ; qu'ils feront les inftigateurs, comme les agens, & les receleurs de toute contrebande lucrative ; & certes s'il étoit reconnu qu'il faut des entrepôts, l'objet ne pourroit être rempli avec fûreté, qu'en les fixant dans une Ifle écartée, deftinée à cela feulement ; la contrebande fera encore grande, mais elle feroit moindre.

D ij

L'Auteur nous annonce, page 116, qu'elle deviendra plus grande par la révolution de l'Amérique qu'elle ne l'étoit ; & que l'objet de ses propositions est de la prévenir. C'est une nouvelle matière de discussion. Je ne vois pas qu'en ce moment la contrebande ait plus de motifs & de plus grands moyens qu'avant la révolution. Son cours a toujours dépendu, dans nos Isles, de l'intelligence & de l'exactitude des Administrateurs, comme de l'indulgence ou de la sévérité du Ministre principal. Il est impossible qu'il n'y en ait pas toujours quelqu'une, car il y a toujours des gens qui n'ont pas d'autre métier : si vous en diminuez le profit sur un objet, il se portera sur un autre. Tout réglement de composition devient en quelque sorte un encouragement ; outre ses inconvéniens propres, il ne peut empêcher que les circonstances ne les agravent ; & il reste encore par - dessus tout cela l'abus que la puissance peut faire de tout. Ce ne sera point un riche négociant qui compromettra sa fortune pour un gain sordide & souvent léger : ce sera celui qui veut devenir riche, ou qui est sans ressources ; & voilà le grand nombre en tout pays. Certes, la localité des sites doit changer quelque chose dans les mesures à prendre dans chaque Colonie sur son administration ; la manière même dont le commerce se passe & se conduit, n'étant pas la même par - tout, les vues & les expédients doivent changer. Mais je me persuade que l'administration, bien intentionnée, trouve toujours des ressources ; un exemple réprime pour long-temps ; enfin je mets les choses au pis, elles ne coûteront jamais à la Métropole, ce que lui coûteront d'emblée toutes les propositions de l'Auteur.

Je ne comprens pas nettement ce qu'il veut dire, page 122, *que l'intérêt du commerce doit précéder celui de la navigation.* S'il entend parler du commerce national, il est évidemment incomplet s'il est passif : il l'est pour l'emploi du peuple, pour la production & la consommation des denrées que le peuple oisif & pauvre ne peut payer ; il l'est pour la force publique. Le commerce passif est une dépendance ; le commerce colonial doit être passif, par cette raison, avec la Métropole. Si à l'activité de cette Métropole, on substitue l'activité d'un autre pays intermédiaire entre la Métropole & la Colonie, il est clair qu'alors la Métropole devient passive, & que la Colonie prend le rôle actif. L'ordre des choses est renversé; c'est la dissolution complette de la société. Comment accorder ce nouveau retour vers la dégradation du commerce national, avec la déclaration de la page 110? Qui veut la fin, doit vouloir les moyens.

Le discours qu'il prête, page 126 & suivantes, à l'Américain indépendant, n'est que la répétition des erreurs qu'on vient de parcourir, & dont toute la tendance est, en dernière analyse, de dépouiller la Métropole des deux tiers des denrées coloniales, appartenant nécessairement aux fournisseurs des Négres, des vivres, & des matières indispensables pour l'entretien & le renouvellement de la culture.

L'exhortation finit par le conseil de convertir nos Laboureurs, nos matelots, nos pêcheurs, en tisserands, pour l'avantage de sa chère Métropole.

Je demande toujours comment on peut concilier ce langage destructeur & ennemi de notre prospérité avec la déclaration de la page 110; ou bien la sincérité manque, ou bien la logique est en défaut.

Quoi qu'il en soit, terminons par quelques observations résumées. Celui qui n'a pas le pouvoir d'empêcher, comme on veut nous le faire entendre, n'aura pas plus le pouvoir de régler.

Tous les retranchemens qu'on nous propose de faire sur l'importation dans nos Colonies, ont pour prétexte une très-mince économie, comparée à l'immensité de nos pertes; pour augmenter le produit net des biens coloniaux qui est au moins déjà de 8 pour 100.

Cet accroissement ne peut avoir lieu qu'en faisant tomber les biens de la Métropole qui rendent au plus 3 pour 100, sans priver de travail & d'emploi, dans le cas le plus favorable, au moins deux millions de nos hommes les plus précieux, sans priver la force publique d'un revenu au moins de quarante millions, sans détruire le fond de notre force maritime.

Encore suppppose-t-on comme réels dans ce calcul, les remplacemens promis par l'Auteur, fur des fuppofitions au moins très-hazardées, & avec la confiance la plus périlleufe. Car il donne pour motif déterminant en politique, le meilleur marché des denrées Américaines.du continent qui provoquera la contrebande. Or, à mefure que ce pays avancera en population, il eft conftant que néceffairement la fabrication des toiles groffes & communes, des chapeaux, des fouliers, enfin de tous les articles de la confommation commune, feront les mêmes progrès par le cours naturel & néceffité des chofes. Ce font précifément les objets les plus utiles pour nous; & par les mêmes motifs allégués aujourd'hui, il faudra chaque jour de nouveaux facrifices.

Je demande quelle guerre malheureufe en auroit jamais coûté de plus grands à la France, que ceux qui lui font propofés par fes fujets, pour fa propre confervation, après la victoire!

Si l'on n'ofe pas nous menacer directement, on veut nous faire deviner qu'on le pourroit. On cherche à nous donner des inquiétudes fur le voifinage des États-unis, comme fur leur influence; mais ils n'avoueroient pas ces petites rufes d'une caufe défefpérée au tribunal de la raifon. Je dois croire à la fageffe profonde d'un peuple courageux, que la vertu feule a fait libre. Tant qu'il reftera tel, nous n'en avons rien à craindre, car il fe perdroit lui-même en s'agrandiffant, en ufurpant. Si la fuite des fiècles amène des révolutions, elle produira en même-temps d'autres combinaifons; chaque âge a fa politique ( 1 ). En attendant, que la France maintienne & garde exactement cet efprit de confervation & de défintéreffement, dont notre Monarque a confacré une époque fi glorieufe pour lui & fi inftructive pour la poftérité, & elle aura des alliés puiffans dans l'un & l'autre hémifphère.

---

(1). Quelles que foient ces révolutions fufpendues dans l'ordre des décrets éternels; toujours eft-il évident, par la nature des chofes, que les Ifles à fucre font irrévocablement deftinées à être dépendantes: & il ne l'eft pas moins, que les principes de la dépendance feront perpétuellement les mêmes. Matière à réflexions pour les têtes inquiètes, ou avides de nouveautés.

fol. 26

là à relier.